AF222062

Impressum
Verlag: BABADADA GmbH, Nedderfeld 112 , 22529 Hamburg
Geschäftsführer / Verlagsleitung: Harald Hof
Druck: Books on Demand GmbH, In de Tarpen 42, 22848 Norderstedt

Imprint
Publisher: BABADADA GmbH, Nedderfeld 112 , 22529 Hamburg, Germany
Managing Director / Publishing direction: Harald Hof
Print: Books on Demand GmbH, In de Tarpen 42, 22848 Norderstedt, Germany

iskola

школа

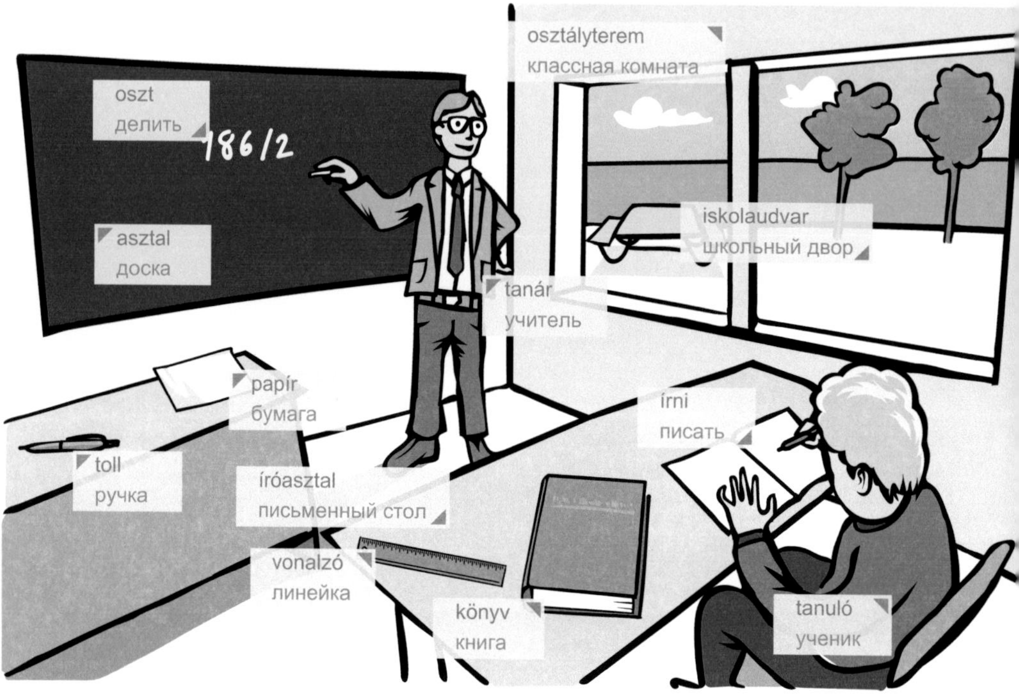

osztálytermem
классная комната
oszt
делить
186/2
asztal
доска
iskolaudvar
школьный двор
tanár
учитель
papír
бумага
írni
писать
toll
ручка
íróasztal
письменный стол
vonalzó
линейка
könyv
книга
tanuló
ученик

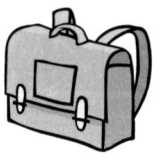

iskolatáska

ранец

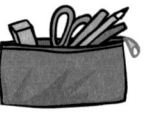

tolltartó

пенал

ceruza

карандаш

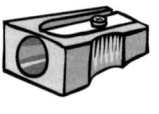

ceruzahegyező

точилка

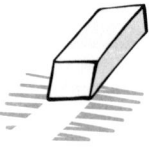

radír

ластик

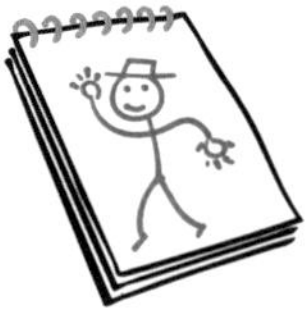

rajzfüzet

альбом для рисования

rajz

рисунок

ecset

кисточка

festőkészlet

коробка красок

olló

ножницы

ragasztó

клей

munkafüzet

тетрадь

házi feladat

домашняя работа

szám

цифра

összead

прибавлять

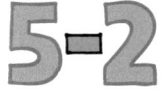

kivon

вычитать

szoroz

умножать

számol

считать

betű

буква

ABC

алфавит

szó

слово

szöveg

текст

olvasni

читать

kréta

мел

tanóra

урок

napló

классный журнал

vizsga

экзамен

bizonyítvány

диплом

iskolai egyenruha

школьная форма

oktatás

образование

enciklopédia

энциклопедия

egyetem

университет

mikroszkóp

микроскоп

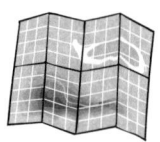

térkép

карта

papír-hulladék gyűjtő

корзина для бумаг

utazás

путешествие

hotel
гостиница
Grand
szállás
турбаза
ROOMS
valutaváltó iroda
пункт обмена валюты
EXCHANGE
bőrönd
чемодан
autó
автомобиль

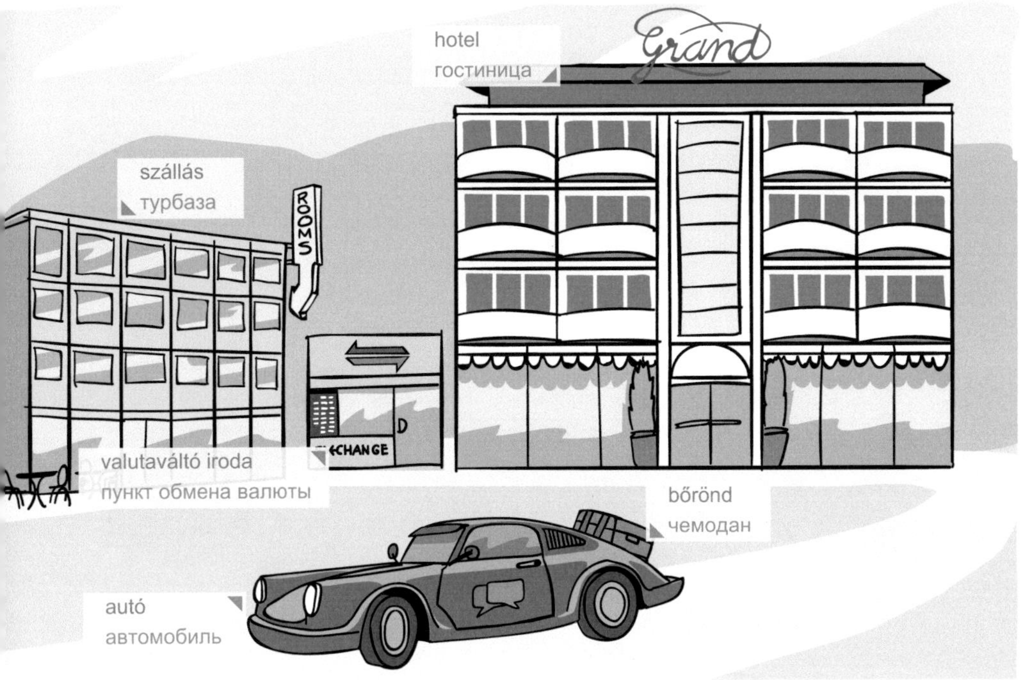

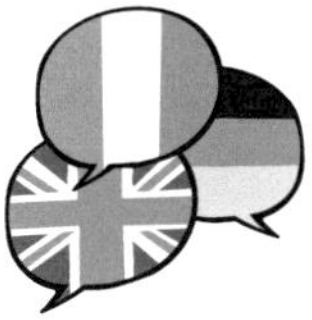

nyelv

язык

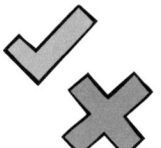

igen/nem

да / нет

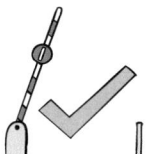

rendben

хорошо

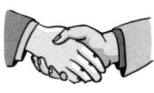

szia

Привет

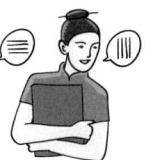

fordító

переводчик

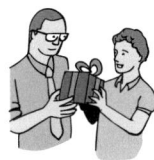

köszönöm

Спасибо

mennyibe kerül…?

Сколько стоит…?

nem értem

Я не понимаю

probléma

проблема

Jó estét!

Добрый вечер!

jó reggelt!

Доброе утро!

jó éjszakát!

Доброй ночи!

viszontlátásra

До свидания

útirány

направление

poggyász

багаж

táska

сумка

hátizsák

рюкзак

vendég

гость

szoba

комната

hálózsák

спальный мешок

sátor

палатка

turista információ

туристическая
информация

strand

пляж

hitelkártya

кредитная карточка

reggeli

завтрак

ebéd

обед

vacsora

ужин

jegy

билет

lift

лифт

bélyeg

почтовая марка

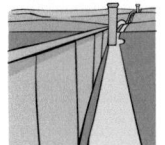

határ

граница

vám

таможня

nagykövetség

посольство

vízum

виза

útlevél

паспорт

közlekedés

транспорт

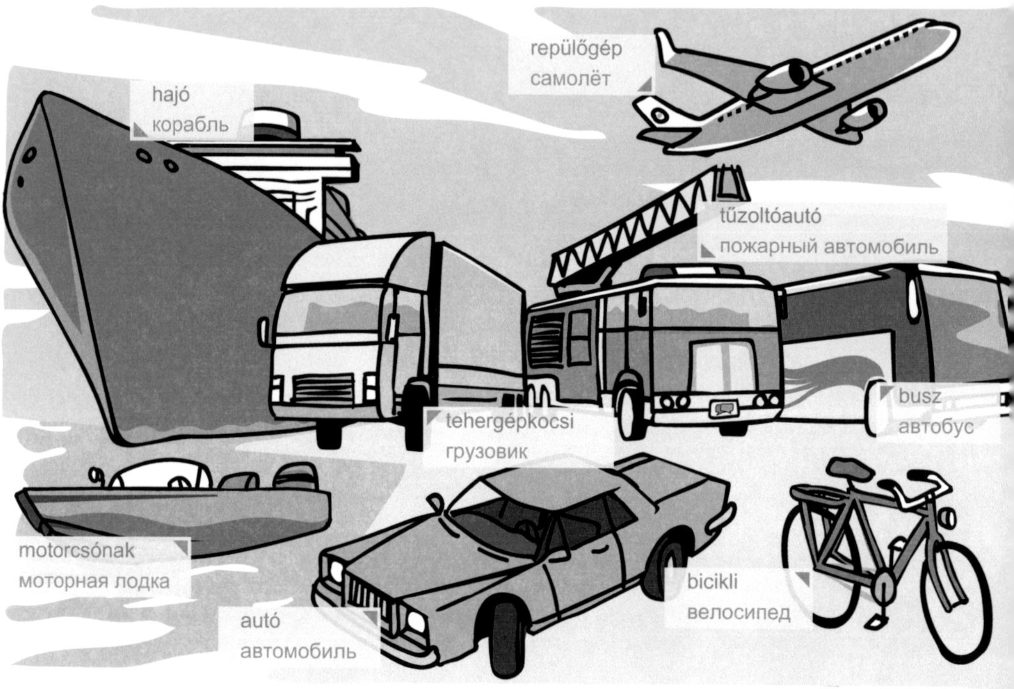

repülőgép
самолёт
hajó
корабль
tűzoltóautó
пожарный автомобиль
tehergépkocsi
грузовик
busz
автобус
motorcsónak
моторная лодка
bicikli
велосипед
autó
автомобиль

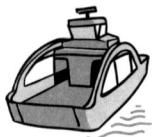

komp

паром

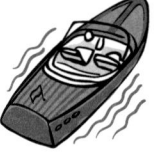

csónak

лодка

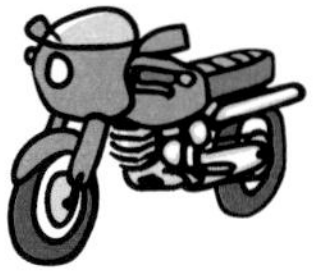

motorkerékpár

мотоцикл

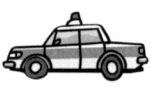

rendőrautó

полицейский автомобиль

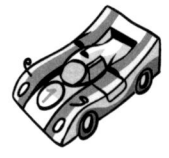

versenyautó

гоночный автомобиль

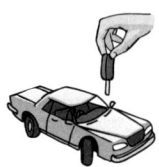

bérautó

арендованный автомобиль

telekocsi

совместное пользование
автомобилями

vontató

буксировочный
автомобиль

szemetes autó

мусоровоз

motor

двигатель

üzemanyag

топливо

benzinkút

заправка

közlekedési tábla

дорожный знак

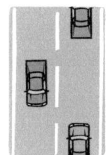

forgalom

движение

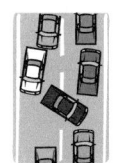

forgalmi dugó

пробка

parkoló

автостоянка

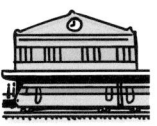

vonatállomás

вокзал

sínek

рельсы

vonat

поезд

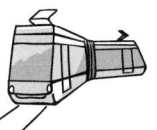

villamos

трамвай

vagon

вагон

helikopter

вертолёт

repülőtér

аэропорт

torony

вышка

utas

пассажир

konténer

контейнер

kartondoboz

коробка

taliga

тележка

kosár

корзина

felszáll / leszáll

взлетать / приземляться

város

город

falu

деревня

városközpont

центр города

ház

дом

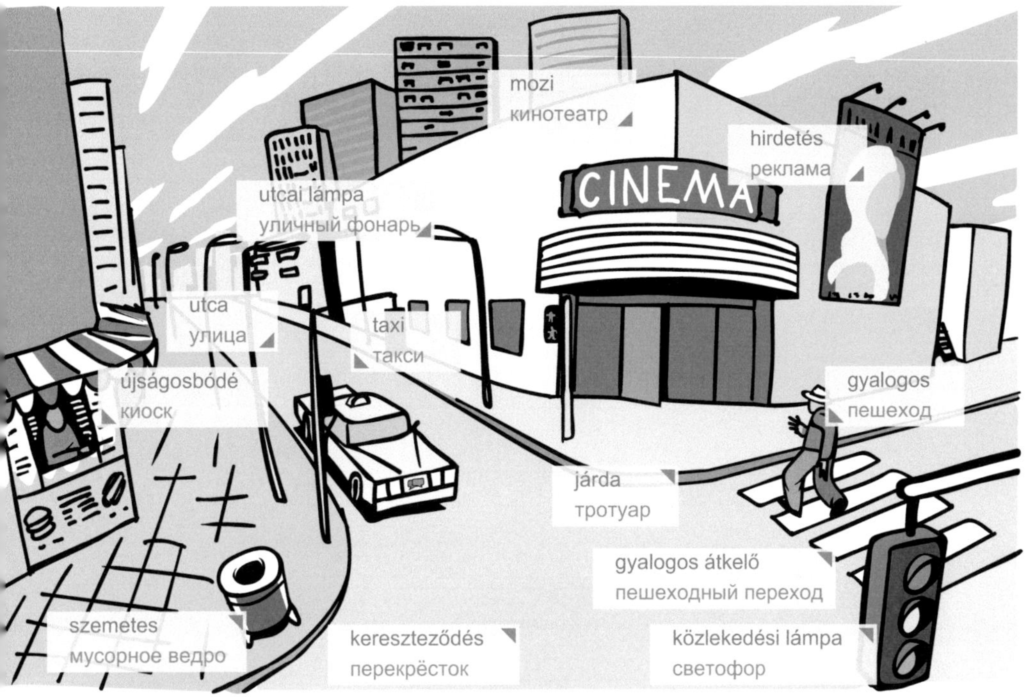

mozi
кинотеатр
hirdetés
реклама
CINEMA
utcai lámpa
уличный фонарь
utca
улица
taxi
такси
újságosbódé
киоск
gyalogos
пешеход
járda
тротуар
gyalogos átkelő
пешеходный переход
szemetes
мусорное ведро
kereszteződés
перекрёсток
közlekedési lámpa
светофор

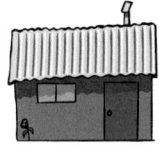

kunyhó

хижина

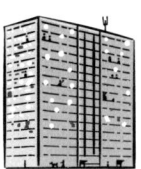

lakás

квартира

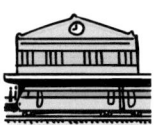

vonatállomás

вокзал

városháza

ратуша

MUSEUM

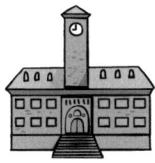

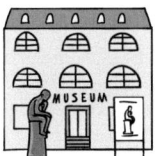

múzeum

музей

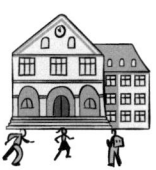

iskola

школа

egyetem

университет

bank

банк

kórház

больница

hotel

гостиница

gyógyszertár

аптека

iroda

офис

könyvesbolt

книжный магазин

üzlet

магазин

virágüzlet

цветочный магазин

szupermarket

супермаркет

piac

рынок

áruház

универмаг

halárus

торговец рыбой

bevásárló központ

торговый центр

kikötő

порт

park

парк

pad

скамейка

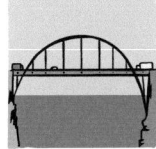

híd

мост

lépcső

лестница

metró

метро

alagút

тоннель

buszmegálló

автобусная остановка

bár

бар

étterem

ресторан

postaláda

почтовый ящик

utcatábla

табличка с названием
улицы

parkoló óra

паркометр

állatkert

зоопарк

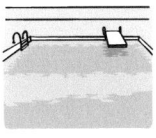

uszoda

бассейн

mecset

мечеть

gazdálkodás

ферма

környezetszennyezés

загрязнение окружающей среды

temető

кладбище

templom

церковь

játszótér

детская площадка

szentély

храм

táj

ландшафт

levél
лист

útjelző tábla
дорожный указатель

út
дорога

rét
луг

kő
камень

túrázó
путешественник

fa
дерево

folyó
река

fű
трава

virág
цветок

völgy
долина

domb
гора

tó
озеро

erdő
лес

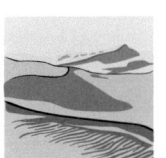

sivatag
пустыня

vulkán
вулкан

kastély
замок

szivárvány
радуга

gomba
гриб

pálmafa
пальма

szúnyog
комар

légy
муха

hangya
муравей

méhecske
пчела

pók
паук

bogár

жук

béka

лягушка

mókus

белка

sündisznó

еж

nyúl

заяц

bagoly

сова

madár

птица

hattyú

лебедь

vaddisznó

кабан

szarvas

олень

rénszarvas

лось

gát

плотина

szélturbina

ветряной генератор

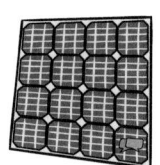

napelem

солнечная батарея

éghajlat

климат

étterem

ресторан

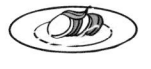

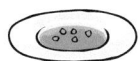

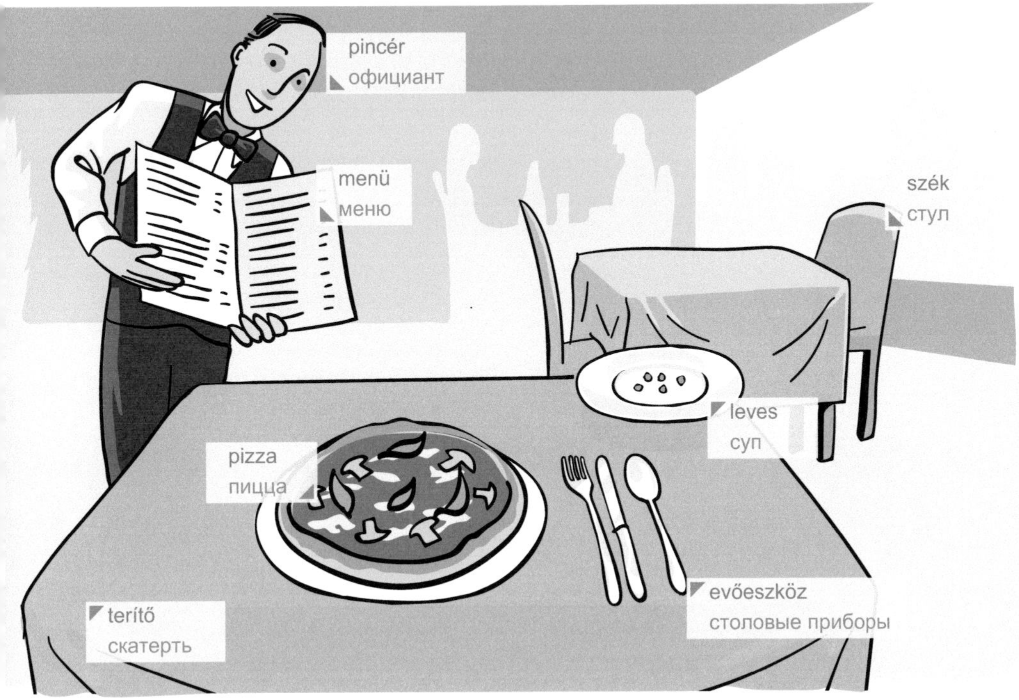

pincér
официант
menü
меню
szék
стул
leves
суп
pizza
пицца
evőeszköz
столовые приборы
terítő
скатерть

előétel

закуска

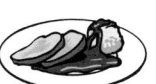

főétel

главное блюдо

desszert

десерт

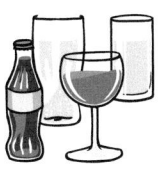

italok

напитки

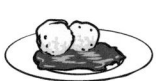

étel

еда

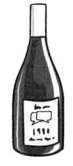

üveg

бутылка

gyorsétel
фастфуд

gyorsétel
уличная еда

teás kanna
чайник

cukortartó
сахарница

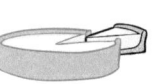

adag
порция

eszpresszógép
кофеварка

bárszék
детский стульчик

számla
счет

tálca
поднос

kés
нож

villa
вилка

kanál
ложка

teáskanál
чайная ложка

szalvéta
салфетка

pohár
стакан

étterem - ресторан

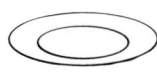

tányér

тарелка

leveses tányér

суповая тарелка

csészealj

блюдце

szósz

соус

sószóró

солонка

borsőrlő

мельница для перца

ecet

уксус

étkezési olaj

масло

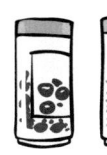

fűszerek

специи

ketchup

кетчуп

mustár

горчица

majonéz

майонез

szupermarket
супермаркет

különleges ajánlat
специальное предложение
FOR
ügyfél
покупатель
tejtermék
молочные продукты
gyümölcsök
фрукты
bevásárló kocsi
тележка для покупок

BUTCHERS

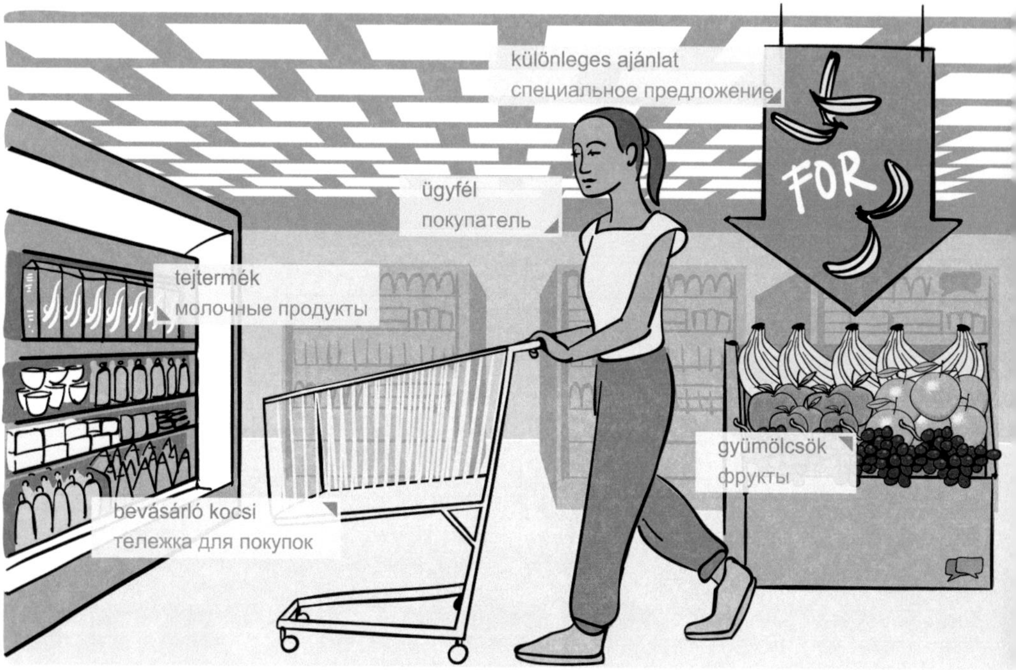

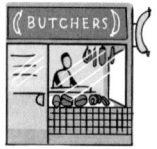

hentes

мясной магазин

BAKERY

pékség

пекарня

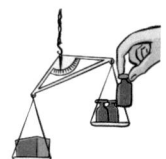

nyom valamennyit

взвешивать

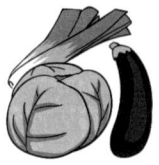

zöldség

овощи

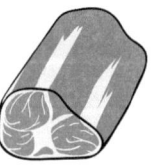

hús

мясо

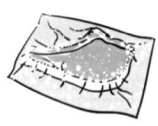

fagyasztott áru

быстрозамороженные продукты

felvágott

нарезка

konzerv

консервы

mosópor

стиральный порошок

édességek

сладости

háztartási termék

предмет домашнего
обихода

tisztítószerek

моющее средство

eladó

продавщица

pénztárgép

касса

eladó

кассир

bevásárló lista

список покупок

nyitva tartás

время работы

levéltárca

бумажник

hitelkártya

кредитная карточка

zacskó

сумка

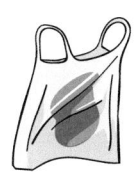

műanyag zacskó

полиэтиленовый пакет

víz
вода

gyümölcslé
сок

tej
молоко

kóla
кока-кола

bor
вино

sör
пиво

alkohol
алкоголь

kakaó
какао

tea
чай

kávé
кофе

eszpresszó
эспрессо

kapucsínó
капучино

banán
банан

alma
яблоко

narancs
апельсин

sárgadinnye
арбуз

citrom
лимон

sárgarépa
морковь

fokhagyma
чеснок

bambusz
бамбук

hagyma
лук

gomba
гриб

magvak
орехи

nokedli
лапша

spagetti

спагетти

rizs

рис

saláta

салат

sült krumpli

картофель фри

sült burgonya

жареный картофель

pizza

пицца

hamburger

гамбургер

szendvics

сэндвич

hússzelet

шницель

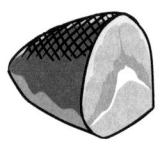

sonka

ветчина

szalámi

салями

kolbász

колбаса

csirke

курица

pecsenye

жаркое

hal

рыба

zabkása

овсяные хлопья

müzli

мюсли

kukoricapehely

кукурузные хлопья

liszt

мука

croissant

круассан

zsemle

булочка

kenyér

хлеб

pirítós kenyér

тост

keksz

печенье

vaj

масло

túró

творог

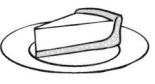

sütemény

пирог

tojás

яйцо

tükörtojás

яичница

sajt

сыр

étel - еда

jégkrém

мороженое

cukor

сахар

méz

мёд

lekvár

мармелад

mogyorókrém

крем с нугой

curry

карри

étel - еда

gazdálkodás
ферма

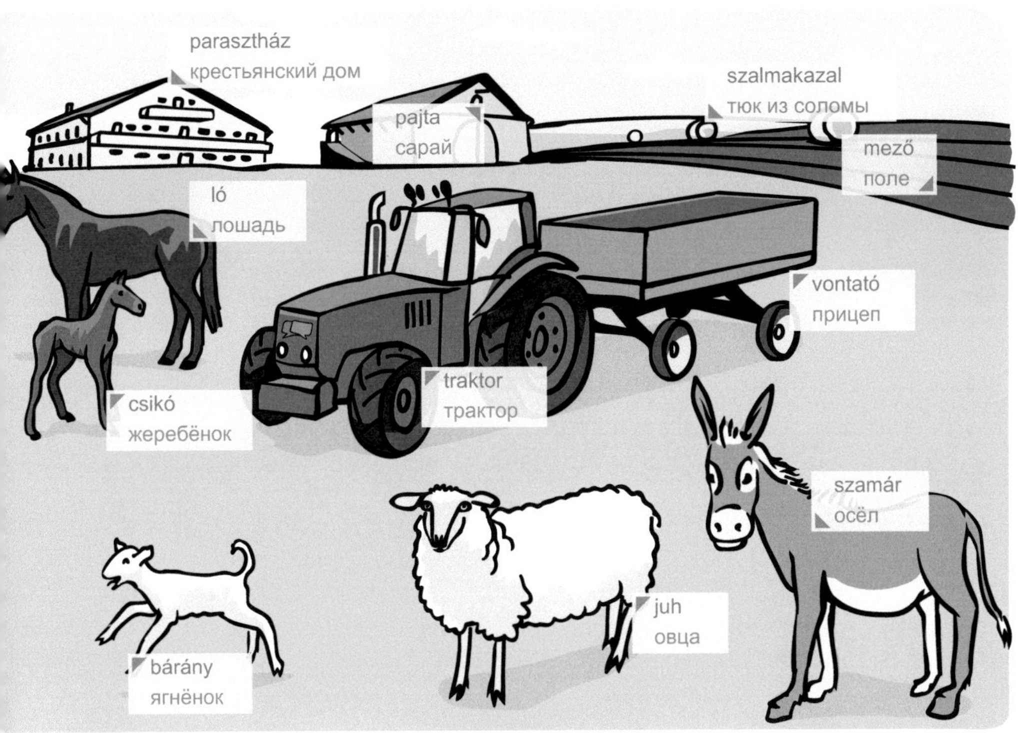

parasztház
крестьянский дом
szalmakazal
тюк из соломы
pajta
сарай
mező
поле
ló
лошадь
vontató
прицеп
traktor
трактор
csikó
жеребёнок
szamár
осёл
juh
овца
bárány
ягнёнок

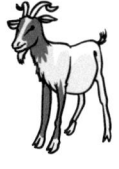

kecske
коза

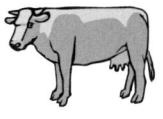

tehén
корова

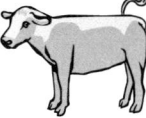

borjú
телёнок

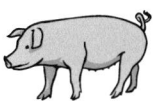

malac
свинья

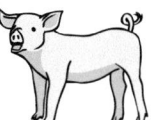

kismalac
поросёнок

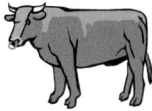

bika
бык

liba

гусь

kacsa

утка

csibe

цыплёнок

tojó

курица

kakas

петух

patkány

крыса

macska

кошка

egér

мышь

ökör

вол

kutya

собака

kutyaház

конура

kerti öntözőcső

садовый шланг

öntözőkanna

лейка

kasza

коса

eke

плуг

sarló

серп

kapa

мотыга

vasvilla

навозные вилы

fejsze

топор

talicska

тачка

teknő

корыто

tejes kancsó

бидон для молока

zsák

мешок

kerítés

забор

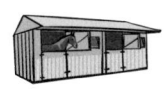

istálló

хлев

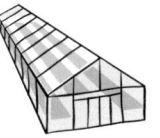

üvegház

теплица

talaj

почва

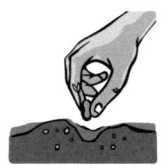

vetőmag

посев

trágya

удобрение

cséplőgép

комбайн

szüretelni

собирать урожай

betakarítás

урожай

yamgyökér

ямс

búza

пшеница

szója

соя

burgonya

картофель

kukorica

кукуруза

repcemag

рапс

gyümölcsfa

фруктовое дерево

manióka

маниок

gabona

злаки

kémény
дымоход

tető
крыша

eresz
водосточный желоб

ablak
окно

garázs
гараж

ajtócsengő
звонок

ajtó
дверь

szemetes
мусорное ведро

postaláda
почтовый ящик

kert
сад

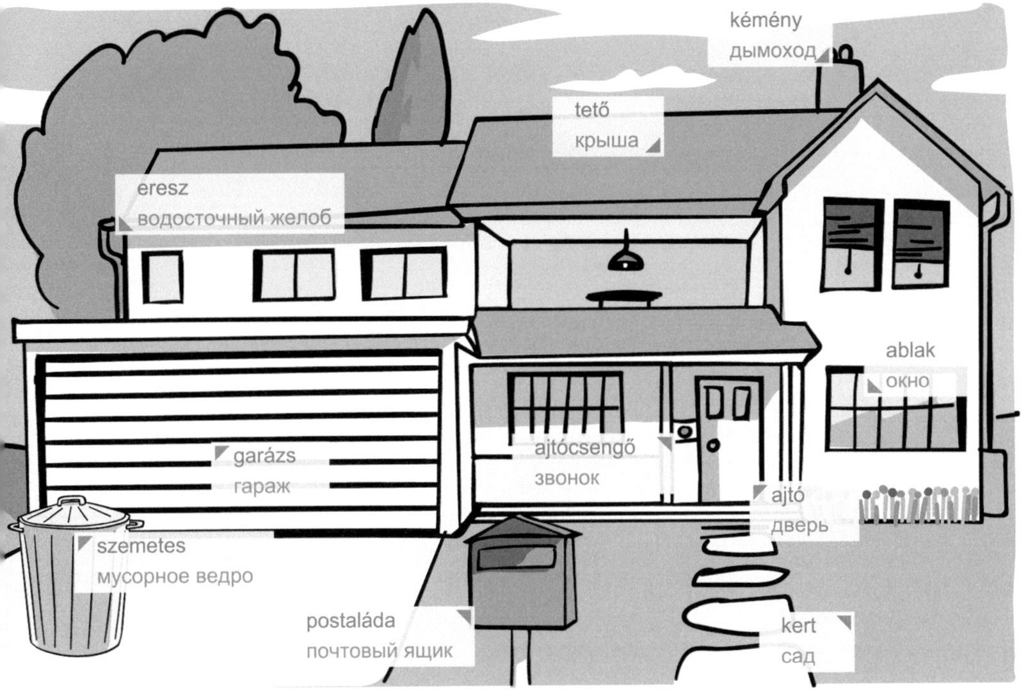

nappali

гостиная

fürdőszoba

ванная комната

konyha

кухня

hálószoba

спальня

gyerekszoba

детская комната

ebédlő

столовая

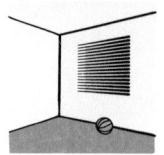

padló

пол

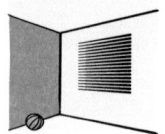

fal

стена

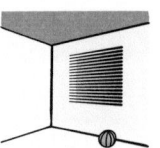

plafon

потолок

pince

подвал

szauna

сауна

erkély

балкон

terasz

терраса

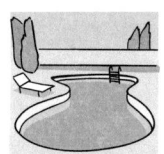

medence

бассейн

fűnyíró

газонокосилка

lepedő

пододеяльник

ágytakaró

покрывало

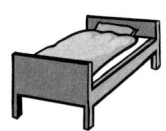

ágy

кровать

seprű

метла

vödör

ведро

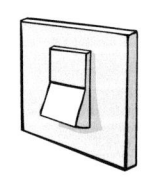

kapcsoló

выключатель

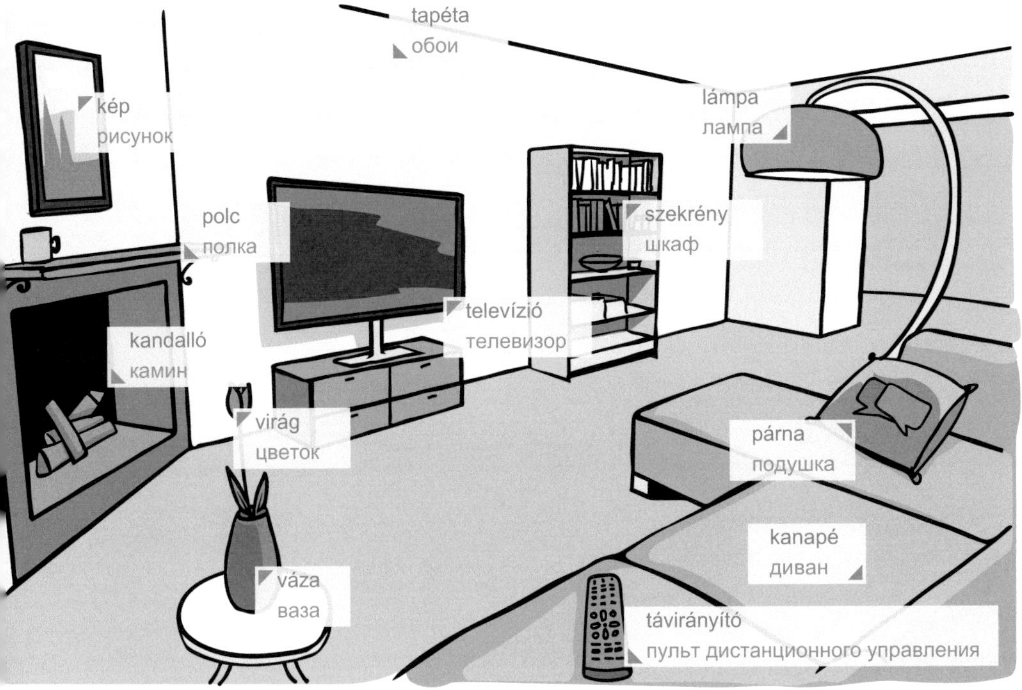

tapéta
обои

kép
рисунок

lámpa
лампа

polc
полка

szekrény
шкаф

televízió
телевизор

kandalló
камин

párna
подушка

virág
цветок

kanapé
диван

váza
ваза

távirányító
пульт дистанционного управления

szőnyeg
ковёр

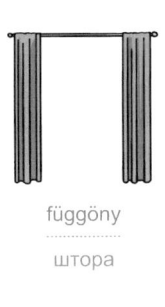

függöny
штора

asztal
стол

szék
стул

hintaszék
кресло-качалка

karosszék
кресло

könyv

книга

takaró

покрывало

dekoráció

украшение

tűzifa

дрова

film

фильм

hifi

стереосистема

kulcs

ключ

újság

газета

festmény

картина

poszter

плакат

rádió

радио

jegyzetfüzet

блокнот

porszívó

пылесос

kaktusz

кактус

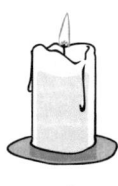

gyertya

свеча

konyha
кухня

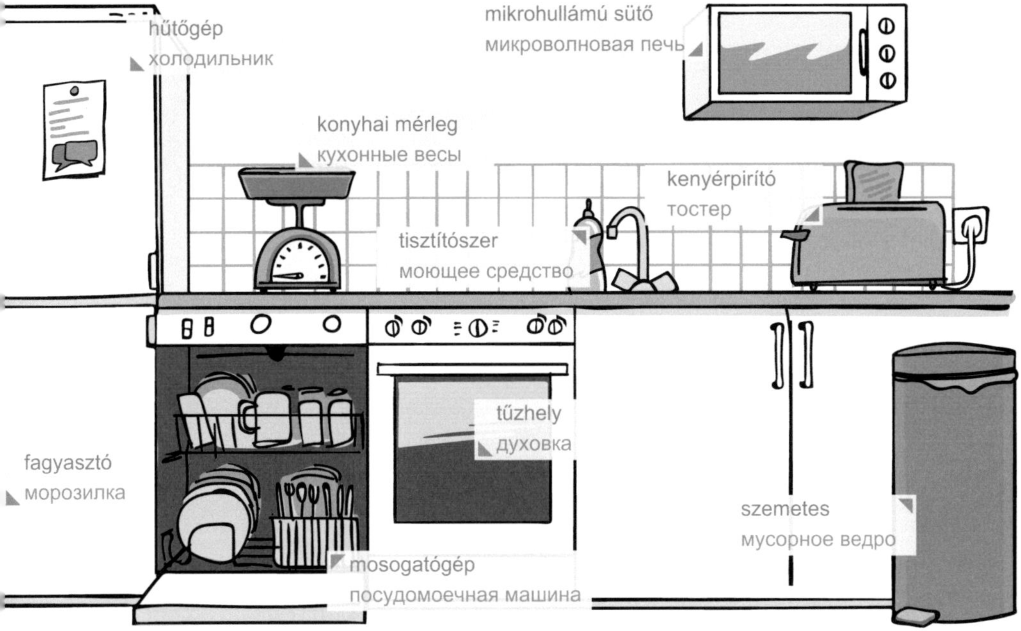
hűtőgép
холодильник
mikrohullámú sütő
микроволновая печь
konyhai mérleg
кухонные весы
kenyérpirító
тостер
tisztítószer
моющее средство
tűzhely
духовка
fagyasztó
морозилка
szemetes
мусорное ведро
mosogatógép
посудомоечная машина

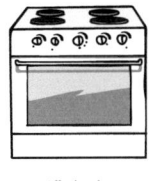

tűzhely

плита

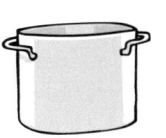

edény

кастрюля

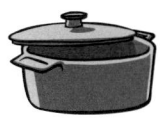

vasfazék

чугунный котелок

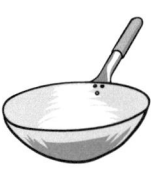

wok / kadai

вок / кадай

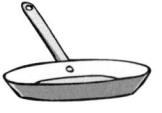

serpenyő

сковорода

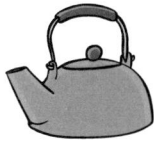

vízforraló

чайник

pároló

пароварка

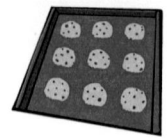

tepsi

противень

étkészlet

посуда

bögre

кружка

tálka

миска

evőpálcika

палочки для еды

merőkanál

половник

keverőlapátka

лопатка

habverő

сбивалка

szűrő

сито

szita

сито

reszelő

тёрка

mozsár

ступка

grillsütő

гриль

kandalló

костёр

vágódeszka

доска

sodrófa

скалка

dugóhúzó

штопор

doboz

жестяная банка

konzervnyitó

консервный нож

edényfogó

прихватка

mosogató

раковина

kefe

щетка

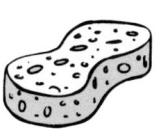

szivacs

губка

turmixgép

миксер

mélyhűtő

морозильная камера

cumisüveg

бутылочка для кормления

csap

кран

fürdőszoba

ванная комната

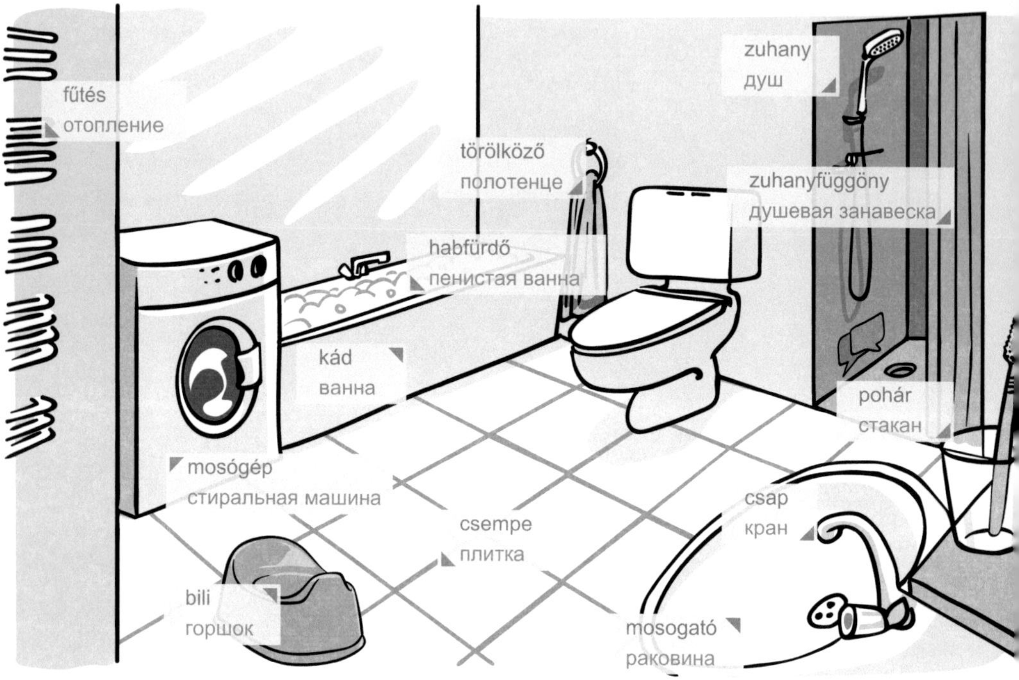
zuhany
душ
fűtés
отопление
törölköző
полотенце
zuhanyfüggöny
душевая занавеска
habfürdő
пенистая ванна
kád
ванна
pohár
стакан
mosógép
стиральная машина
csap
кран
csempe
плитка
bili
горшок
mosogató
раковина

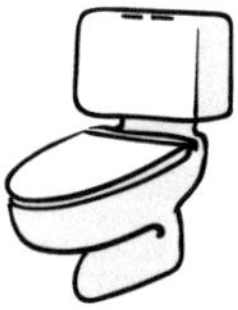

toalett

туалет

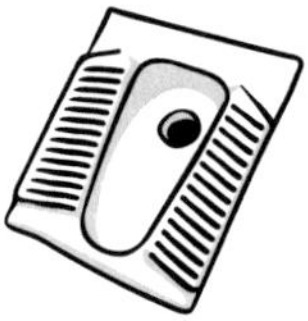

guggolós toalett

напольный унитаз

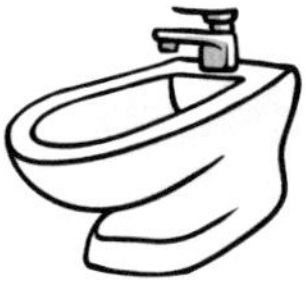

bidé

биде

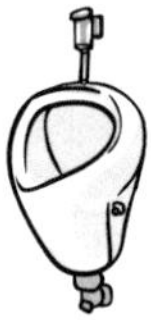

piszoár

писсуар

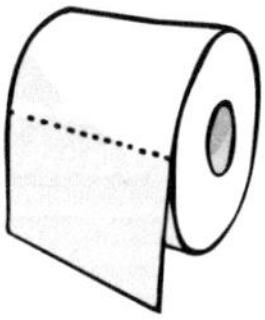

toalett papír

туалетная бумага

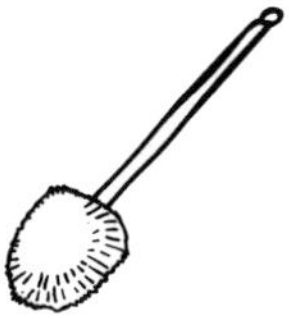

wc kefe

ершик

fogkefe

зубная щетка

fogkrém

зубная паста

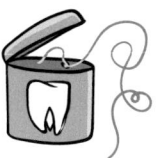

fogselyem

зубная нить

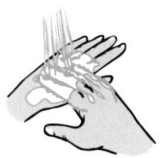

mosni

мыть

kézi zuhany

ручной душ

intimzuhany

интимный душ

mosdótál

таз

hátmosó kefe

щетка для спины

szappan

мыло

tusfürdő

гель для душа

sampon

шампунь

mosdókesztyű

мочалка

lefolyó

сток

krém

крем

dezodor

дезодорант

tükör

зеркало

kézitükör

ручное зеркало

borotva

бритва

borotvahab

пена для бритья

borotválkozás utáni
arcszesz

лосьон после бритья

fésű

расческа

hajkefe

щетка

hajszárító

фен

hajlakk

лак для волос

smink

косметика

ajakrúzs

губная помада

körömlakk

лак для ногтей

vatta

вата

körömvágó olló

маникюрные ножницы

parfüm

духи

neszesszer

косметичка

sámli

табуретка

mérleg

весы

köntös

халат

gumikesztyű

резиновые перчатки

tampon

тампон

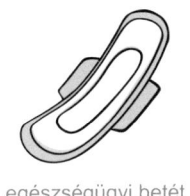

egészségügyi betét

игиеническая прокладка

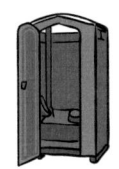

vegyi WC

биотуалет

gyerekszoba
детская комната

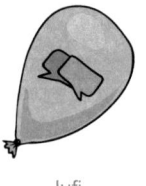

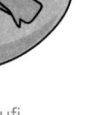

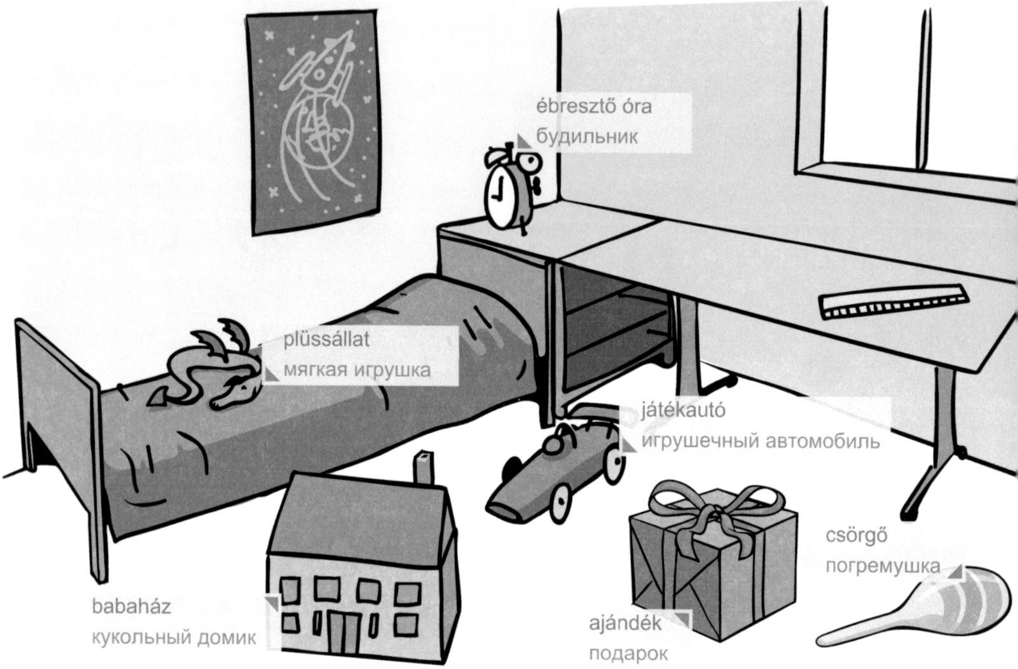
ébresztő óra
будильник
plüssállat
мягкая игрушка
játékautó
игрушечный автомобиль
csörgő
погремушка
babaház
кукольный домик
ajándék
подарок

lufi

воздушный шар

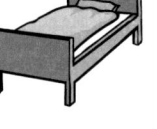

ágy

кровать

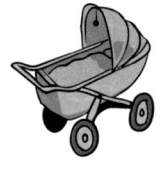

babakocsi

детская коляска

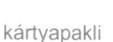

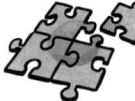

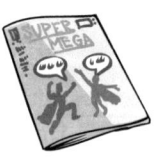

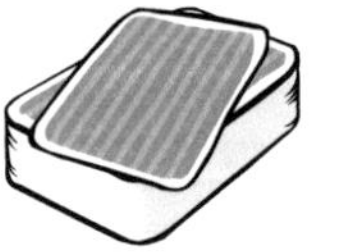

kártyapakli

карточная игра

kirakós játék

пазл

képregény

комикс

építőkockák

кирпичики Лего

építőelem

кубики

szuperhős

игрушечная фигурка

rugdalózó

ползунки

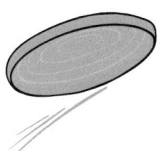

frizbi

фрисби

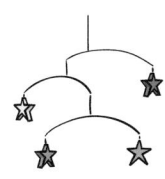

zenélő forgó

мобиле

társasjáték

настольная игра

kocka

кубик

modellvasút

модель железной дороги

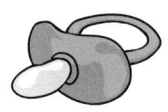

cumi

соска

zsúr

вечеринка

képeskönyv

книга с картинками

labda

мяч

baba

кукла

játszani

играть

homokozó

песочница

hinta

качели

játékok

игрушка

videójáték konzol

игровая приставка

tricikli

трёхколесный велосипед

teddi maci

плюшевый медвежонок

ruhásszekrény

шкаф для одежды

ruházat

одежда

zokni

носки

harisnya

чулки

harisnyanadrág

колготки

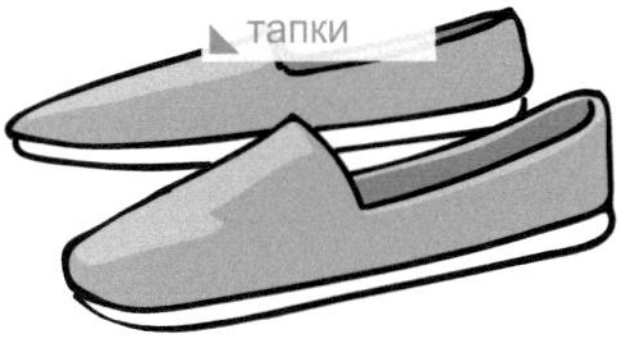

sál
шарф

esernyő
зонтик

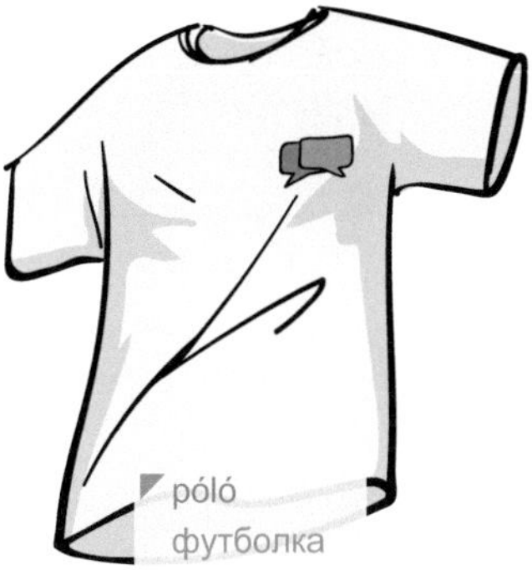

póló
футболка

öv
ремень

csizma
сапоги

papucs
тапки

tornacipő
кроссовки

szandál
сандалии

cipő
ботинки

gumicsizma
резиновые сапоги

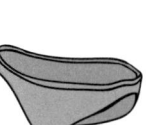

alsónadrág
трусы

melltartó
бюстгальтер

mellény
майка

body

боди

nadrág

брюки

farmer

джинсы

szoknya

юбка

blúz

блузка

ing

рубашка

pulóver

свитер

kapucnis pulóver

свитер

blézer

спортивная куртка

dzseki

жакет

kabát

пальто

esőkabát

плащ

kosztüm

костюм

ruha

платье

esküvői ruha

свадебное платье

öltöny

мужской костюм

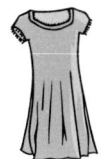

hálóing

ночная сорочка

pizsama

пижама

szári

сари

fejkendő

платок

turbán

тюрбан

burka

паранджа

kaftán

кафтан

abaya

абайя

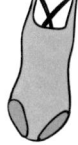

fürdőruha

купальник

fürdőnadrág

плавки

rövidnadrág

шорты

tréningruha

спортивный костюм

kötény

фартук

kesztyű

перчатки

gomb

пуговица

szemüveg

очки

karkötő

браслет

nyaklánc

цепочка

gyűrű

кольцо

fülbevaló

серьга

sapka

шапка

vállfa

вешалка

kalap

шляпа

nyakkendő

галстук

cipzár

застежка молния

bukósisak

шлем

nadrágtartó

подтяжки

iskolai egyenruha

школьная форма

egyenruha

форма

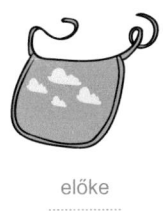

előke

детский нагрудник

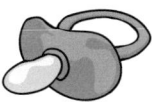

cumi

соска

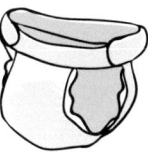

pelenka

подгузник

iroda

офис

szerver
сервер
irattartó szekrény
канцелярский шкаф
nyomtató
принтер
papír
бумага
képernyő
монитор
egér
мышь
íróasztal
письменный стол
mappa
папка
billentyűzet
клавиатура
szék
стул
papír-hulladék gyűjtő
корзина для бумаг
számítógép
компьютер

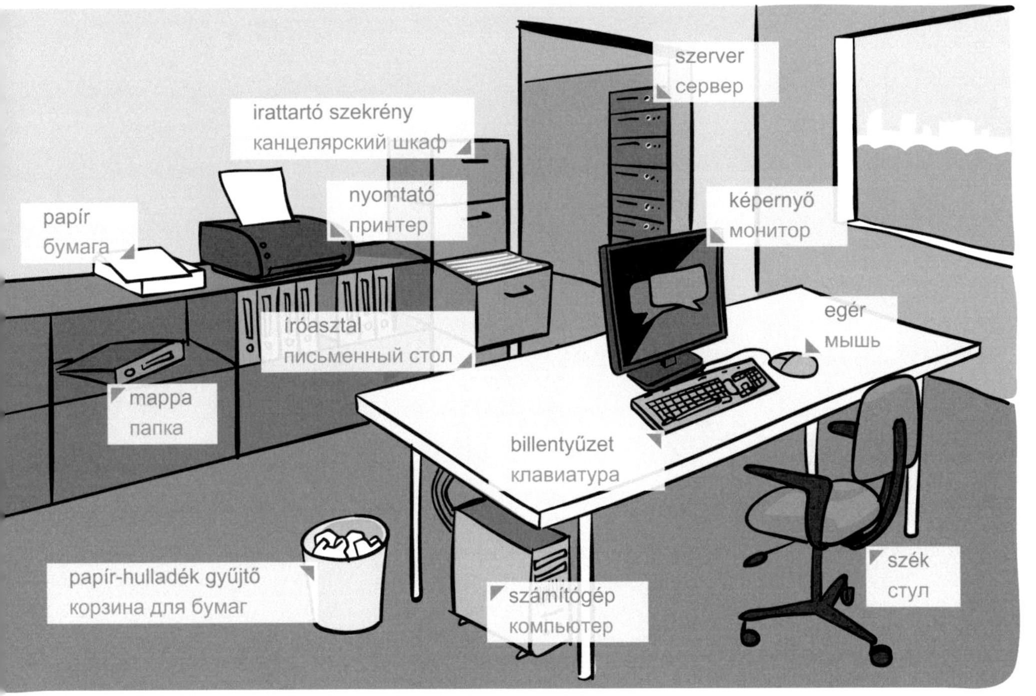

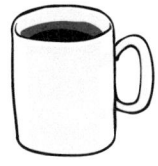

kávéscsésze

кофейная кружка

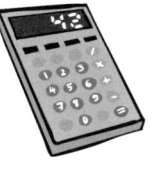

számológép

калькулятор

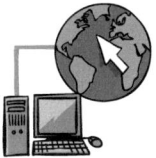

internet

интернет

laptop

ноутбук

levél

письмо

üzenet

сообщение

mobiltelefon

мобильный телефон

hálózat

сеть

fénymásoló

ксерокс

szoftver

программа

telefon

телефон

konnektor

розетка

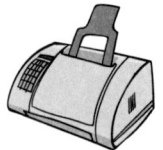

faxgép

факс

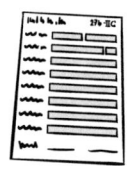

formanyomtatvány

формуляр

dokumentum

документ

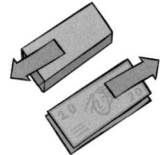

venni

покупать

fizetni

платить

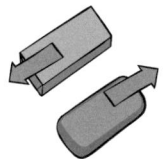

kereskedni

торговать

pénz

деньги

dollár

доллар

euró

евро

jen

иена

rubel

рубль

svájci frank

франк

kínai jüan

жэньминьби юань

rúpia

рупия

bankautomata

банкомат

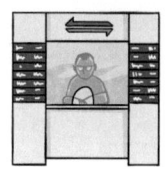

valutaváltó iroda

пункт обмена валюты

arany

золото

ezüst

серебро

olaj

нефть

energia

энергия

ár

цена

szerződés

договор

adó

налог

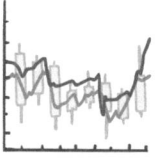

részvény

акция

dolgozni

работать

munkavállaló

служащий

munkaadó

работодатель

gyár

фабрика

üzlet

магазин

foglalkozások
профессии

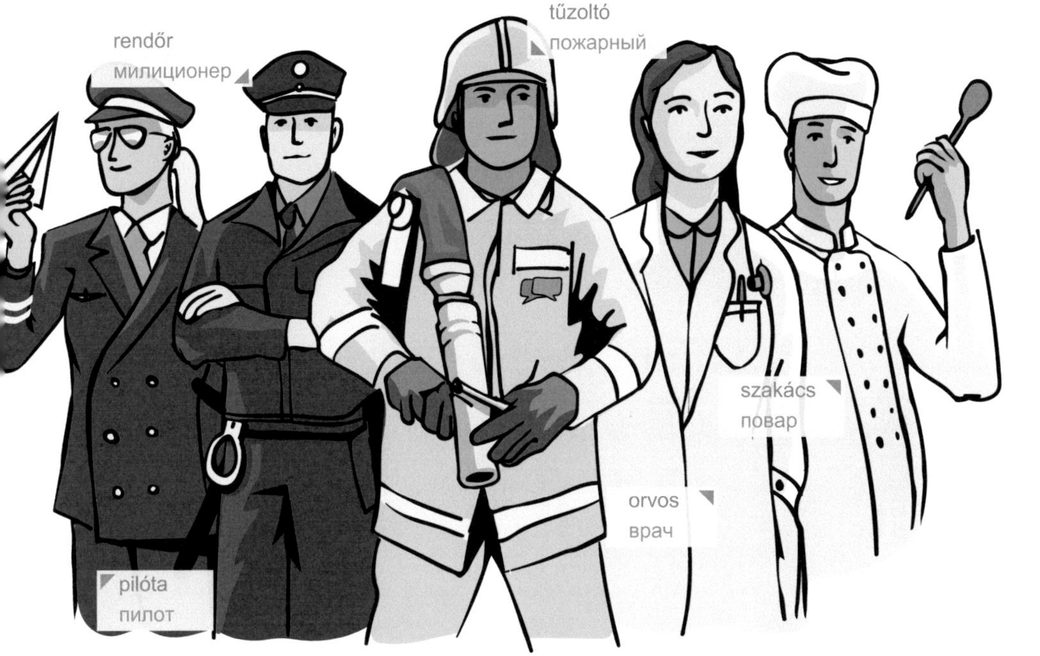

rendőr
милиционер
tűzoltó
пожарный
szakács
повар
orvos
врач
pilóta
пилот

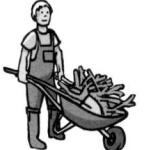

kertész

садовник

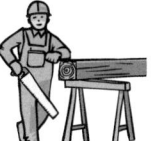

kárpitos

столяр

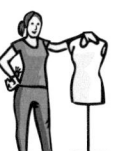

varrónő

швея

bíró

судья

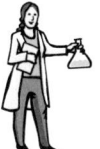

vegyész

химик

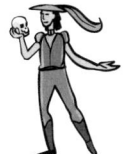

színész

актёр

buszsofőr
водитель автобуса

taxisofőr
таксист

halász
рыбак

bejárónő
уборщица

tetőfedő
кровельщик

pincér
официант

vadász
охотник

festő
художник

pék
пекарь

villanyszerelő
электрик

építőmunkás
строитель

mérnök
инженер

hentes
мясник

vízvezeték-szerelő
сантехник

postás
почтальон

katona

солдат

építész

архитектор

eladó

кассир

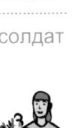

virágos

флорист

fodrász

парикмахер

kalauz

кондуктор

műszerész

механик

kapitány

капитан

fogorvos

зубной врач

tudós

ученый

rabbi

раввин

imám

имам

szerzetes

монах

lelkész

священник

szerszámok

инструменты

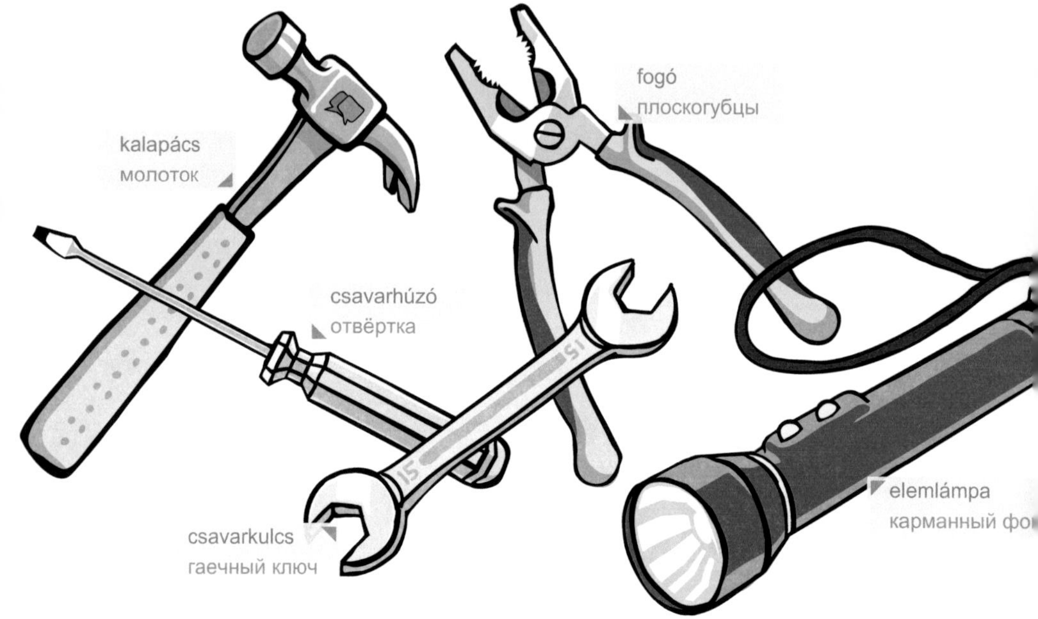

kalapács
молоток
fogó
плоскогубцы
csavarhúzó
отвёртка
elemlámpa
карманный фо
csavarkulcs
гаечный ключ

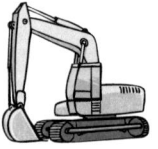

markológép

экскаватор

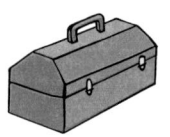

szerszámosláda

ящик для инструментов

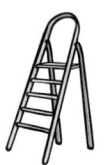

vödör

стремянка

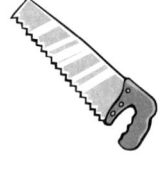

fűrész

пила

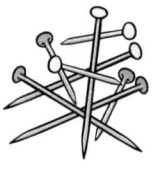

szög

гвозди

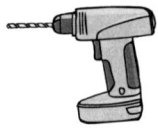

fúrógép

дрель

megjavítani

ремонтировать

lapát

лопата

A francba!

Блин!

szemétlapát

совок

festékesdoboz

ведро с краской

csavar

винты

hangszerek
музыкальные инструменты

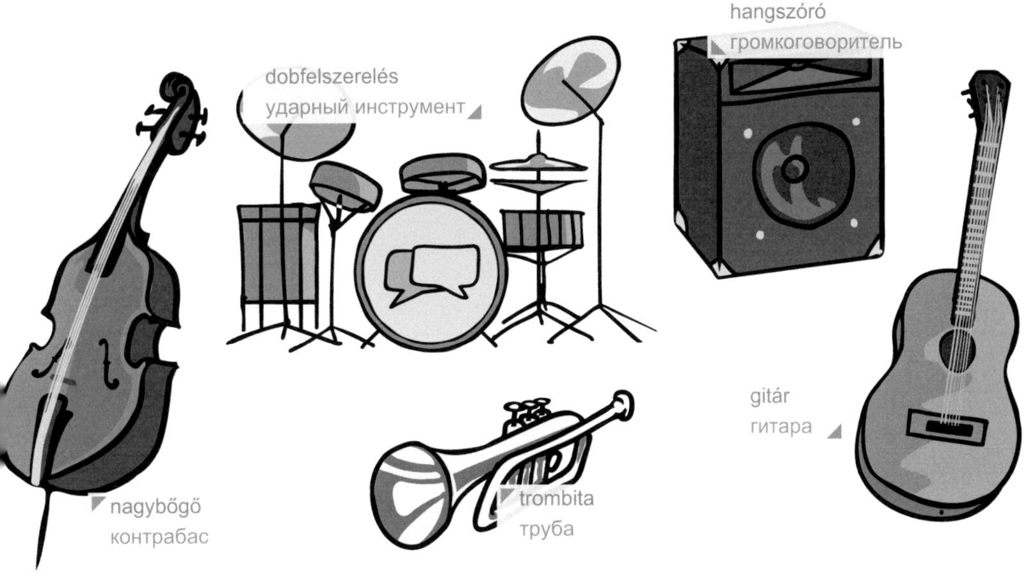

hangszóró
громкоговоритель

dobfelszerelés
ударный инструмент

gitár
гитара

nagybőgő
контрабас

trombita
труба

zongora

пианино

hegedű

скрипка

basszusgitár

бас-гитара

üstdob

литавры

dobok

барабан

digitális zongora

синтезатор

szaxofon

саксофон

fuvola

флейта

mikrofon

микрофон

állatkert

зоопарк

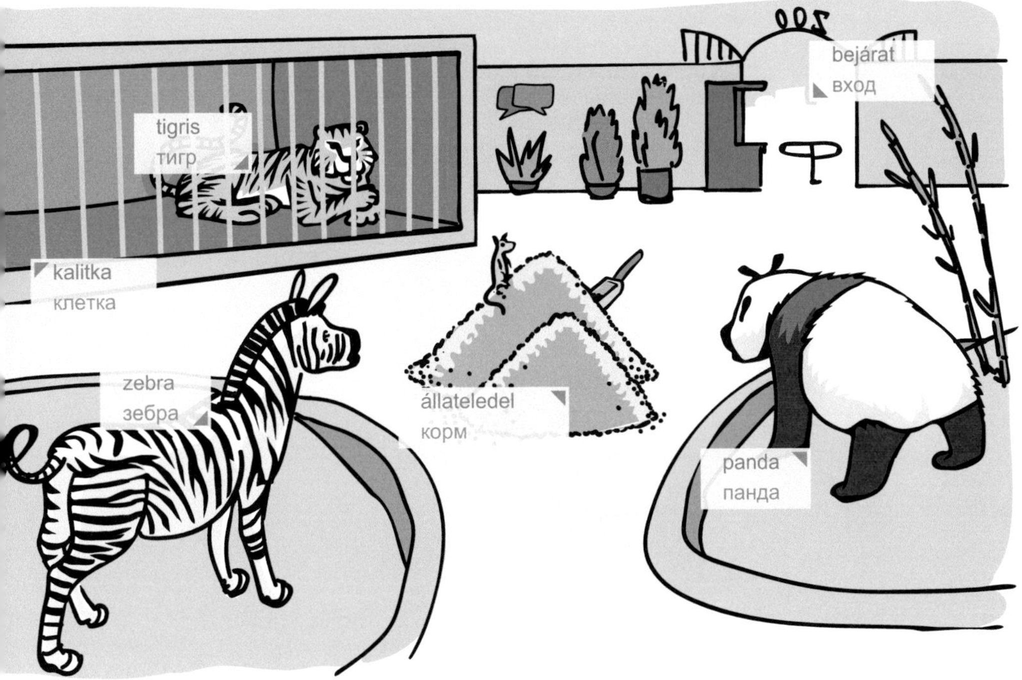

tigris
тигр
bejárat
вход
kalitka
клетка
zebra
зебра
állateledel
корм
panda
панда

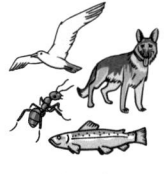

állatok

животные

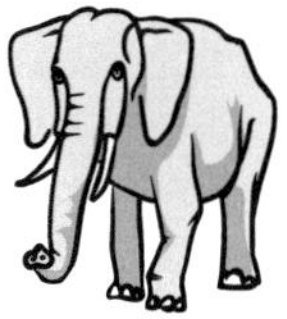

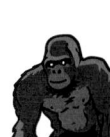

elefánt

слон

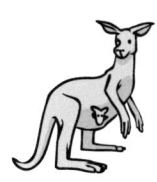

kenguru

кенгуру

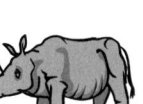

orrszarvú

носорог

gorilla

горилла

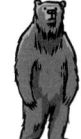

medve

медведь

teve

верблюд

strucc

страус

oroszlán

лев

majom

обезьяна

flamingó

фламинго

papagáj

попугай

jegesmedve

белый медведь

pingvin

пингвин

cápa

акула

páva

павлин

kígyó

змея

krokodil

крокодил

állatgondozó

служитель зоопарка

fóka

тюлень

jaguár

ягуар

póniló

пони

leopárd

леопард

víziló

бегемот

zsiráf

жираф

sas

орёл

vaddisznó

кабан

hal

рыба

teknős

черепаха

rozmár

морж

róka

лиса

gazella

газель

amerikai futball
американский футбол

kerékpározás
езда на велосипеде

tenisz
теннис

kosárlabda
баскетбол

úszás
плавание

jégkorong
хоккей

boksz
бокс

futball
футбол

tollas
бадминтон

atlétika
лёгкая атлетика

kézilabda
гандбол

síelés
лыжный спорт

lovaspóló
поло

ugrani
прыгать

ölelni
обнимать

nevetni
смеяться

sétálni
идти

énekelni
петь

álmodni
мечтать

dicsérni
молиться

csókolni
целовать

írni
писать

rajzolni
рисовать

mutatni
показывать

tolni
нажимать

adni
давать

vinni
брать

birtokolni

иметь

csinálni

делать

lenni

быть

állni

стоять

futni

бежать

húzni

тянуть

hajít

бросать

esni

падать

hazudni

лежать

várni

ждать

vinni

носить

ülni

сидеть

felvenni

надевать

aludni

спать

felébredni

просыпаться

ránézni

рассматривать

sírni

плакать

simogat

гладить

fésülni

причесывать

beszélni

говорить

megérteni

понимать

kérdezni

спрашивать

hallgatni

слушать

inni

пить

enni

кушать

takarítani

наводить порядок

szeretni

любить

főzni

готовить

vezetni

ехать

szállni

летать

vitorlázni

ходить под парусом

számol

считать

olvasni

читать

tanulni

учиться

dolgozni

работать

házasodni

вступать в брак

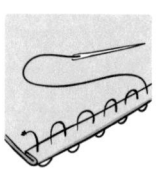

varrni

шить

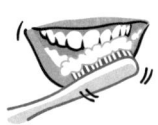

fogat mosni

чистить зубы

ölni

убивать

dohányozni

курить

küldeni

отправлять

család

семья

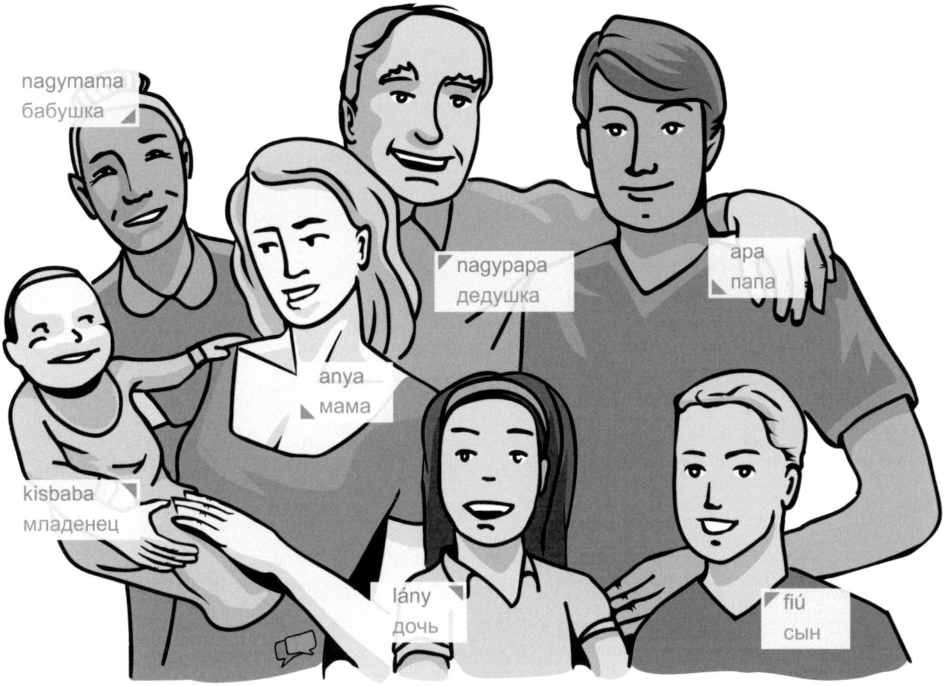

nagymama
бабушка
nagypapa
дедушка
apa
папа
anya
мама
kisbaba
младенец
lány
дочь
fiú
сын

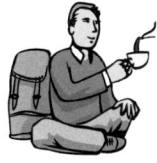

vendég

гость

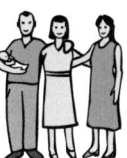

nagynéni

тетя

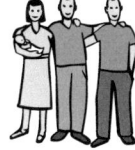

nagybácsi

дядя

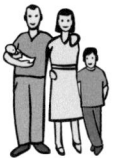

fiútestvér

брат

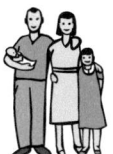

lánytestvér

сестра

test

тело

homlok
лоб
szem
глаз
váll
плечо
ujj
палец
arc
лицо
áll
подбородок
kéz
кисть
láb
нога
mell
грудь
kar
рука

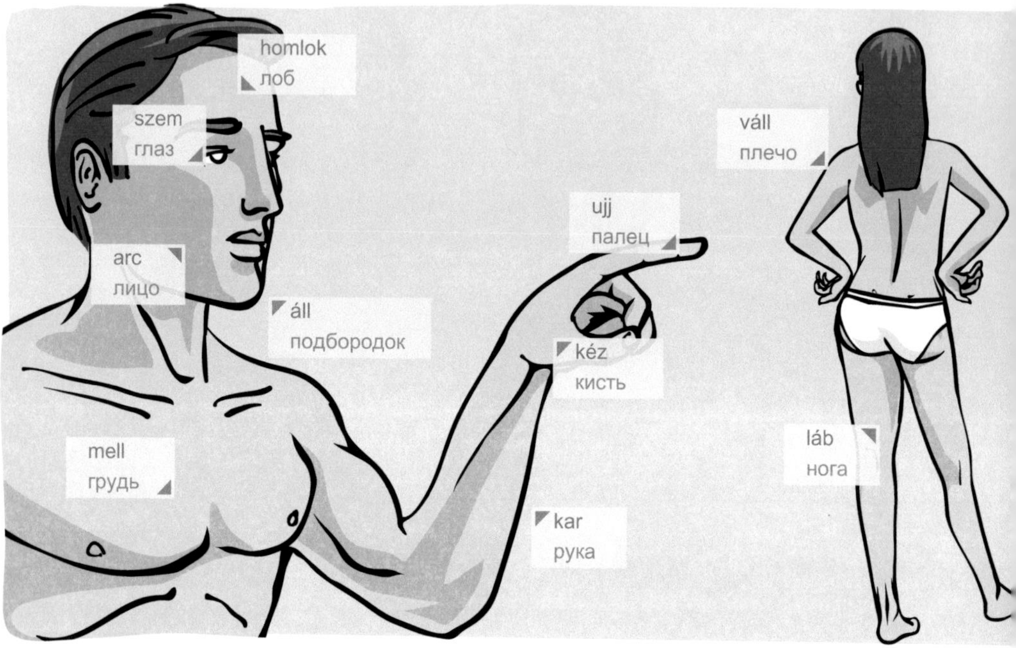

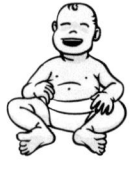

kisbaba
младенец

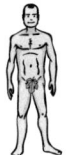

ember
мужчина

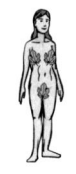

nő
женщина

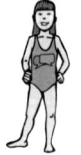

lány
девочка

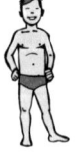

fiú
мальчик

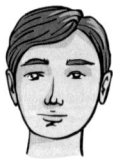

fej
голова

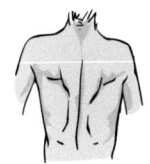

hát

спина

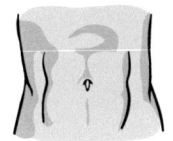

has

живот

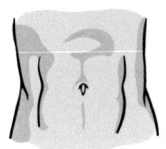

köldök

пупок

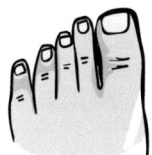

lábujj

палец ноги

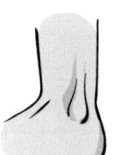

sarok

пятка

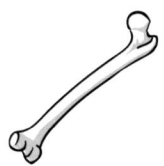

csont

кость

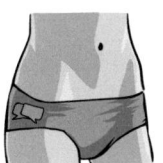

csípö

бедро

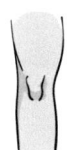

térd

колено

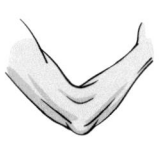

könyök

локоть

orr

нос

fenék

ягодицы

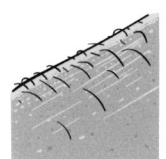

bőr

кожа

orca

щека

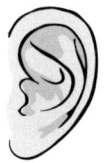

fül

ухо

ajak

губа

száj

рот

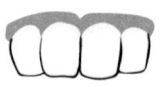

fog

зуб

nyelv

язык

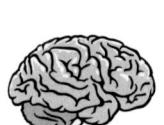

agy

мозг

szív

сердце

izom

мышца

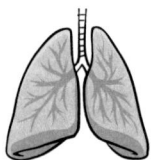

tüdő

лёгкое

máj

печень

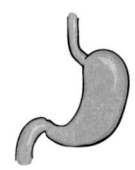

gyomor

желудок

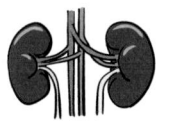

vese

почки

szex

половой акт

kondom

презерватив

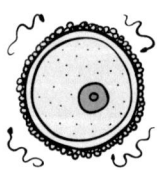

petesejt

яйцеклетка

sperma

сперма

terhesség

беременность

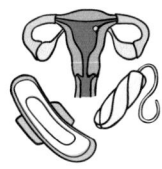

menstruáció

менструация

vagina

вагина

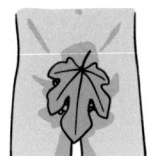

pénisz

пенис

szemöldök

бровь

haj

волосы

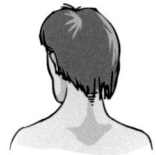

nyak

шея

kórház
больница

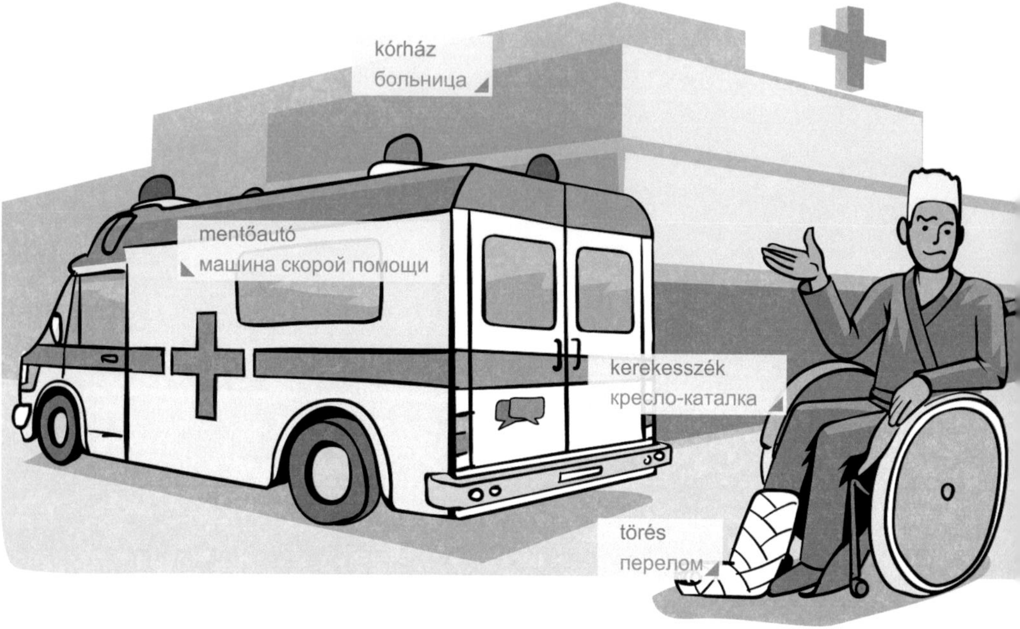

kórház
больница
mentőautó
машина скорой помощи
kerekesszék
кресло-каталка
törés
перелом

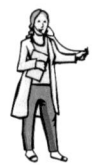

orvos

врач

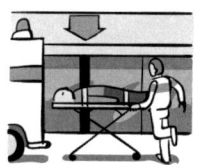

sürgősségi osztály

пункт первой помощи

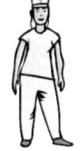

ápoló

медсестра

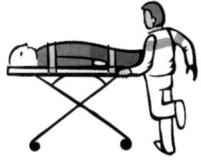

vészhelyzet

неотложный случай

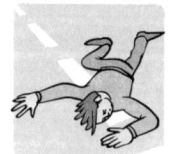

eszméletlen

без сознания

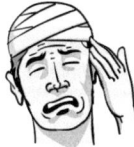

fájdalom

боль

sérülés

повреждение

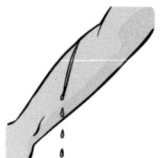

vérzés

кровотечение

szívroham

инфаркт

szélütés

инсульт

allergia

аллергия

köhögés

кашель

láz

овышенная температура

influenza

грипп

hasmenés

понос

fejfájás

головная боль

rák

рак

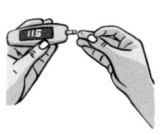

cukorbetegség

диабет

sebész

хирург

szike

скальпель

műtét

операция

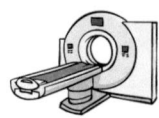

CT
КТ

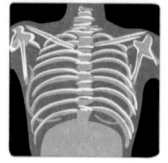

röntgen
рентген

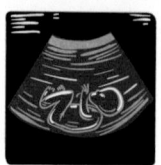

ultrahang
ультразвук

arcmaszk
маска

betegség
болезнь

váróterem
приёмная

mankó
костыль

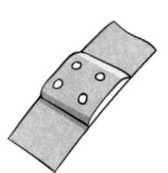

sebtapasz
пластырь

kötszer
бинт

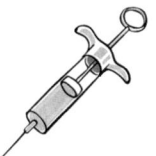

injekció
укол

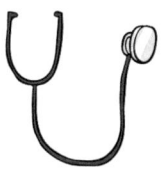

sztetoszkóp
стетоскоп

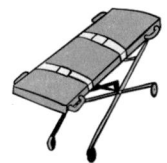

hordágy
носилки

klinikai hőmérő
термометр

születés
рождение

túlsúly
избыточный вес

kórház - больница

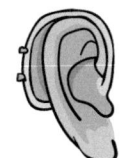

hallókészülék

слуховой аппарат

fertőtlenítőszer

дезинфекционное
средство

fertőzés

инфекция

vírus

вирус

HIV/AIDS

ВИЧ / СПИД

orvosság

лекарство

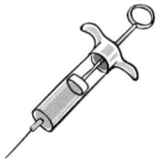

oltás

прививка

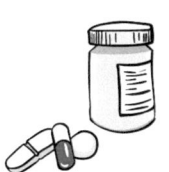

tabletták

таблетки

tabletta

противозачаточная
таблетка

sürgősségi hívás

экстренный вызов

vérnyomásmérő

прибор для измерения
кровяного давления

betegség / egészség

больной / здоровый

Segítség!

Помогите!

riasztás

сигнал тревоги

rajtaütés

нападение

támadás

атака

veszély

опасность

vészkijárat

запасной выход

tűz!

Пожар!

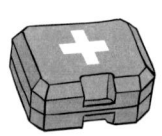

tűzoltókészülék

огнетушитель

baleset

несчастный случай

elsősegélycsomag

аптечка

SOS

SOS

rendörség

милиция

Európa

Европа

Észak-Amerika

Северная Америка

Dél-Amerika

Южная Америка

Afrika

Африка

Ázsia

Азия

Ausztrália

Австралия

Atlanti-óceán

Атлантический океан

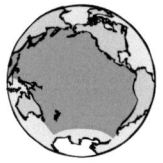

Csendes-óceán

Тихий океан

Indiai-óceán

Индийский океан

Déli-óceán

Антарктический океан

Jeges-tenger

Северный Ледовитый океан

Északi-sark

Северный полюс

Déli-sark

Южный полюс

Antarktisz

Антарктика

föld

земля

szárazföld

суша

tenger

море

sziget

остров

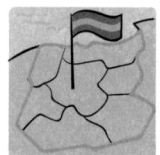

nemzet

нация

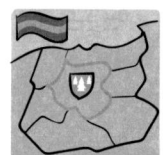

állam

государство

számlap

циферблат

kismutató

часовая стрелка

nagymutató

минутная стрелка

másodpercmutató

секундная стрелка

Mennyi az idő?

Который час?

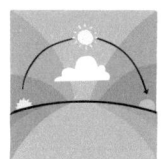

nap

день

idő

время

most

сейчас

digitális óra

электронные часы

perc

минута

óra

час

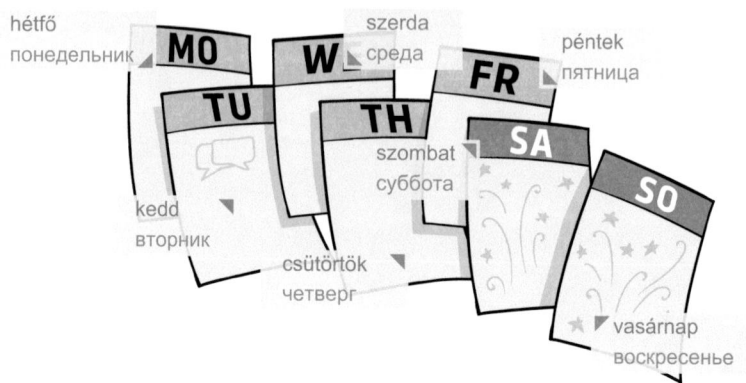

hétfő
понедельник

szerda
среда

péntek
пятница

kedd
вторник

szombat
суббота

csütörtök
четверг

vasárnap
воскресенье

tegnap

вчера

ma

сегодня

holnap

завтра

reggel

утро

dél

полдень

este

вечер

hétköznap

рабочие дни

hétvége

выходные

eső
дождь

szivárvány
радуга

szél
ветер

hó
снег

tavasz
весна

ősz
осень

nyár
лето

tél
зима

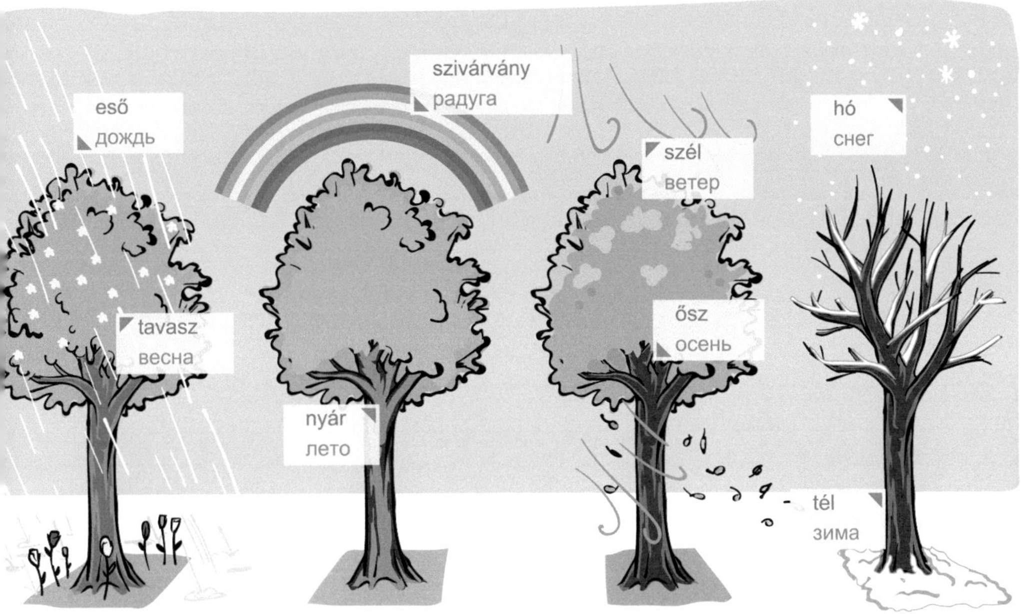

időjárás előrejelzés

прогноз погоды

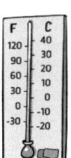

hőmérő

термометр

napsütés

солнечный свет

felhő

туча

köd

туман

páratartalom

влажность воздуха

villámlás

молния

mennydörgés

гром

vihar

буря

jégeső

град

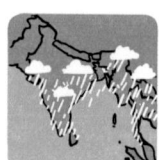

monszun

муссон

áradás

наводнение

jég

лёд

január

январь

február

февраль

március

март

április

апрель

május

май

június

июнь

július

июль

augusztus

август

szeptember
....
сентябрь

október
....
октябрь

november
....
ноябрь

december
....
декабрь

alakzatok
формы

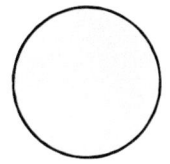

kör
....
круг

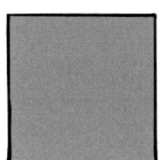

négyzet
....
квадрат

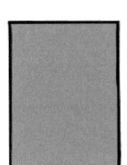

téglalap
....
прямоугольник

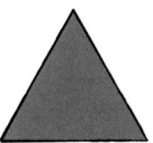

háromszög
....
треугольник

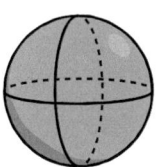

gömb
....
шар

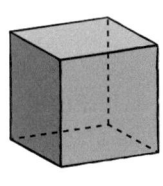

kocka
....
куб

színek

fehér

белый

sárga

желтый

narancs

оранжевый

rózsaszín

розовый

piros

красный

lila

лиловый

kék

синий

zöld

зелёный

barna

коричневый

szürke

серый

fekete

черный

sok / kevés

много / мало

mérges / nyugodt

яростный / мирный

szép / csúnya

красивый / уродливый

kezdet / vég

начало / конец

nagy / kicsi

большой / маленький

világos / sötét

светлый / темный

fivér / nővér

брат / сестра

tiszta / koszos

чистый / грязный

teljes / nem teljes

полный / неполный

nappal / éjszaka

день / ночь

halott / élő

мёртвый / живой

széles / keskeny

широкий / узкий

ehető / nem ehető

съедобный / несъедобный

gonosz / kedves

злой / дружелюбный

izgatott / unott

взволнованный / скучающий

kövér / vékony

толстый / худой

első / utolsó

сначала / в конце

barát / ellenség

друг / враг

teli / üres

полный / пустой

kemény / puha

твёрдый / мягкий

nehéz / könnyü

тяжёлый / легкий

éhség / szomjúság

голод / жажда

betegség / egészség

больной / здоровый

illegális / legális

незаконный / законный

intelligens / buta

умный / глупый

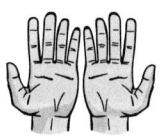

bal / jobb

слева / справа

közel / távol

близко / далеко

új / használt

новый / подержанный

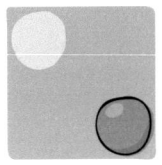

semmi / valami

ничто / нечто

idős / fiatal

старый / молодой

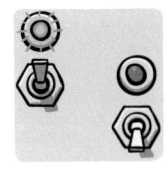

be / ki

включено / выключено

nyitva / zárva

открыто / закрыто

csendes / hangos

тихо / громко

gazdag / szegény

богатый / бедный

helyes / helytelen

правильный /
неправильный

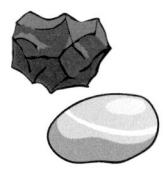

érdes / sima

шероховатый / гладкий

szomorú / vidám

печальный / счастливый

rövid / hosszú

короткий / длинный

lassú / gyors

медленный / быстрый

nedves / száraz

мокрый / сухой

meleg / hideg

тёплый / прохладный

háború / béke

война / мир

0

nulla

ноль

1

egy

один

2

kettő

два

3

három

три

4

négy

четыре

5

öt

пять

6

hat

шесть

7

hét

семь

8

nyolc

восемь

9

kilenc

девять

10

tíz

десять

11

tizenegy

одиннадцать

12

tizenkettő

двенадцать

13

tizenhárom

тринадцать

14

tizennégy

четырнадцать

15

tizenöt

пятнадцать

16

tizenhat

шестнадцать

17

tizenhét

семнадцать

18

tizennyolc

восемнадцать

19

tizenkilenc

девятнадцать

20

húsz

двадцать

100

száz

сто

1.000

ezer

тысяча

1.000.000

millió

миллион

angol

английский

amerikai angol

американский английский

mandarin kínai

мандаринский китайский

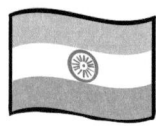

hindi

хинди

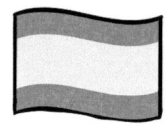

spanyol

испанский

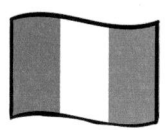

francia

французский

arab

арабский

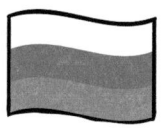

orosz

русский

portugál

португальский

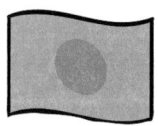

bengáli

бенгальский

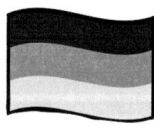

német

немецкий

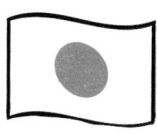

japán

японский

én

я

te

ты

ő

он / она / оно

mi

мы

ti

вы

ők

они

ki?

кто?

mi?

что?

hogyan?

как?

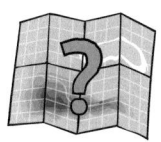

hol?

где?

mikor?

когда?

név

имя

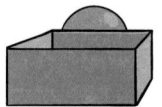

mögött
....
за

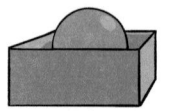

benne
....
в

előtte
....
перед

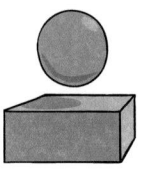

felette
....
над

rajta
....
на

alatta
....
под

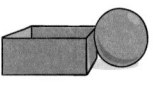

mellett
....
рядом

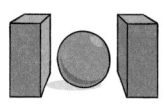

között
....
между

hely
....
место